Activity B
Nights at Freddy's:
Coloring Pages, Mazes, Crosswords, Word Searches, & More
(An Unofficial FNAF Book)

Animatronic X

© Animatronic X
All Rights Reserved.

Copyright

No part of this publication may be reproduced, distributed, or transmitted in any form or by any means, including photocopying, recording, or other electronic or mechanical methods. Please note that this is an unofficial book. The author and publisher are not endorsed or supported by Scott Cawthon or the game Five Nights at Freddy's.

Word Search

Five Nights at Freddy's

O	W	I	T	H	E	R	E	D	F	R	E	D	D
Y	D	Y	T	O	Y	C	H	I	C	A	D	F	F
D	O	L	R	G	N	D	K	L	N	O	I	N	O
S	L	B	S	T	D	M	D	I	T	N	K	N	X
P	N	D	N	O	Y	C	R	E	G	N	G	H	Y
R	Y	E	O	O	X	D	E	G	R	E	N	G	W
I	G	H	I	R	L	L	D	G	I	F	I	R	I
N	O	D	R	V	G	L	X	D	R	G	Y	R	D
G	P	E	F	N	T	I	A	F	D	Y	R	O	E
T	D	N	A	N	N	N	N	B	I	N	C	E	T
R	S	M	I	S	T	H	G	I	N	E	V	I	F
A	G	O	L	D	E	N	F	R	E	D	D	Y	I
P	I	N	N	O	B	D	E	R	E	H	T	I	W
E	R	O	A	D	I	D	D	D	W	I	H	F	A

FIVE NIGHTS
TOY FREDDY
GOLDEN FREDDY
BALLON BOY
SPRING TRAP
WITHERED FRED
CRYING KID
TOY CHICA
WITHERED BON
MANGLE
FOXY

Instructions: Find as many words as you can!

Coloring

Maze

Instructions: Help Freddy scare the night guard.

Coloring

Maze

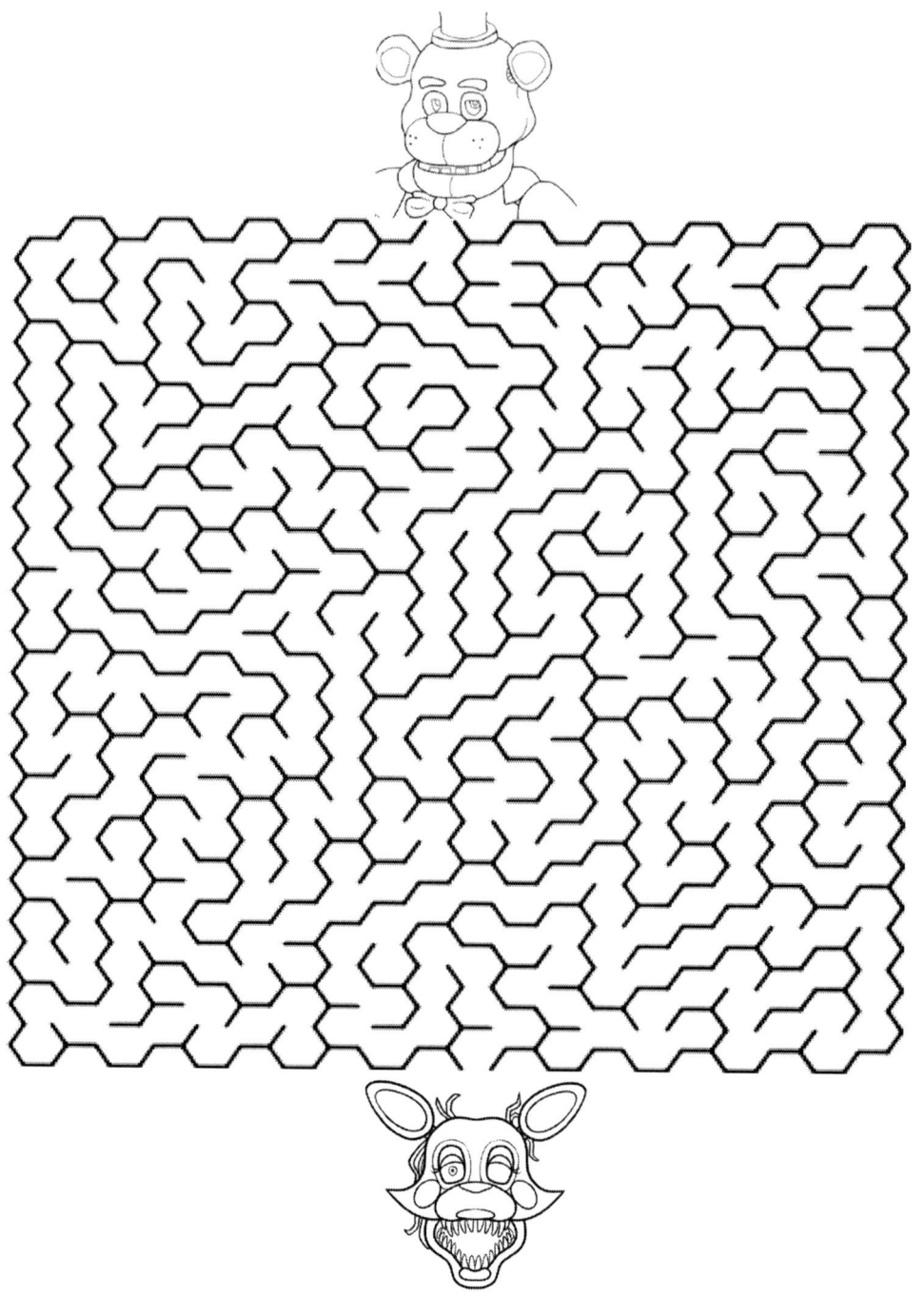

Instructions: Help Freddy catch up with Mangle.

Coloring

Word Search

```
P K Y S P R I N G T R A P F E
P I W X S T H G I N E D A H K
B E Z T O Z N N L B Z D L W
P Y A Z C F Y Y G M B Y C D T
C G F I E R G N D E C H I C A
E K D G L R A N A D V G C U M
B L L U U M I R R L E J O V T
H H L E S A F A N G C R F F M
R C L I H X R V M X H I F E S
P G K N P E X D R P I O F M C
M H V N H N A O U S L K U G D
C E Z O O J A L F C D E H Y A
F F G B N E R H C S R A M X N
K C A L E F M V L E E X T I R
S A R E M A C W Q P N F L M K
```

BONNIE
CAMERAS
CHICA
CHILDREN
FAZBEAR
FOXY
FREDDY
GUARD
MANGLE
NIGHT
PHONE
PIZZERIA
SPRINGTRAP
STAGE

Coloring

Word Scramble

Yefddr _ _ _ _ _

Nieobn _ _ _ _ _

Ichac _ _ _ _ _

Xfyo _ _ _ _

Blloyooban _ _ _ _ _ _ _ _ _

Peuptp _ _ _ _ _ _

Ghtnimrea _ _ _ _ _ _ _ _ _

Lapuhspprt _ _ _ _ _ _ _ _ _ _

Ngamel _ _ _ _ _ _

Frodenlgddye _ _ _ _ _ _ _ _ _ _ _ _

Coloring

Instructions: Help the animatronics get to the guard.

Maze

Coloring

Maze

Instructions: Help Balloon Boy find Mangle.

Coloring

Word Search

```
D T X O V N F N O Q H F E R W
A T H F Z A B C F H Y L S E X
T N C G S U O G S O P F Y S Z
A G I P I A F D W R R A L T E
N O C M P N C N U H X X B R A
X J M O A A D P A R Q G C O D
E N T E R T A I N M E N T O L
D N L F A M R S M C C I K M P
Y X B V F T E O W P I N Z S T
Z Z N X Q C X G N I H R V H M
S U L B U Z Y E N I I O C G B
L N E R D L I H C Q C M N K M
T J I I P I R A T E N S K E J
Y T F Z Z C X X M F Y R L P K
Y W T P Z S T F K P P A Y M A
```

ANIMATRONICS
CHILDREN
ENTERTAINMENT
MIDNIGHT
MORNING
PHONE
PIRATE
PURPLE
RESTROOMS
SECURITY

Coloring

Five Nights at Freddy's

Instructions: Help Golden Freddy find Freddy.

Coloring

Trivia

1. While playing the death mini game 'Save Them' there is a chance that the Purple Man will appear and kill you. What two words appear at the bottom of the screen before the game ends?
A. Game Over
B. You Win
C. This Is Not Over
D. You Can't

2. In the mini game 'Give Gifts Give Life' there is something shown right before a Golden Freddy jumpscares. What is it?
A. Withered Bonnie
B. A Fifth Child
C. The Purple Man
D. A Gift

3. If you let the music box wind down what secret animatronic will appear out of the gift box?
A. Withered Chica
B. Endoskeleton
C. Toy Freddy
D. Balloon Boy

Answers:
1. D
2. B
3. B

Coloring

Word Search

```
Z B E R A M T H G I N A M Y T
I T U X C N P K E Z L O A X V
Y Y D H E V I A O M T T N O P
A C I N W V F M R N M E G F N
Q C A Z Z I P D A T R X L T E
A U H U P Y S H M T H N E B C
B Z B X H R P D O U R S T N W
T R Q D I B R M R X G O U R M
H A L L U C I N A T I O N L O
F R E D D Y N U E B H X K I P
E V E E T Z G G B W O G E M C
P J K H M Z T L Z Q U N I E U
B I N C T D R Q A I R V N N L
M C W W U K A O F N Z I J I O
O T S T T I P W X N K S H T E
```

Freddy
Foxy
Bonnie
Chica
Mangle
Pizza
Nightmare
Animatronic

Mike
Hallucinatio
Night
Fazbear
Phantom
Springtrap
Plushtrap

Coloring

Crossword

Across
2. How many dollars an hour does Mike get paid?
5. What animatronic is made to replace Foxy?
6. What is Chica's favorite food?
8. When the animatronics catch you, what do you get stuffed into?
10. Who is the creator of FNAF?
11. What is the highest difficulty level for each animatronic?

Down
1. Which of the four main animatronics does not have eyebrows?
3. Which camera is disabled and only has audio?
4. What color is Freddy's bow tie?
7. What month was FNAF 1 released?
9. Which animatronic is a pirate?
10. How many nightmare animatronics are there?

Coloring

CPSIA information can be obtained at www.ICGtesting.com
Printed in the USA
BVOW03s1903171215

430564BV00014B/279/P